DES

DROITS D'ENTRÉE SUR LES LAINES

ET

SUR LES BESTIAUX,

avec des considérations sur les effets des droits de protection en général, et sur la situation particulière de l'agriculture française, relativement à l'industrie des troupeaux;

PAR C.-J.-A. MATHIEU DE DOMBASLE,

OFFICIER DE L'ORDRE ROYAL DE LA LÉGION D'HONNEUR, CORRESPONDANT DE L'ACADÉMIE ROYALE DES SCIENCES ET D'UN GRAND NOMBRE DE SOCIÉTÉS SAVANTES, NATIONALES ET ÉTRANGÈRES.

PARIS,

Chez { M.me HUZARD, RUE DE L'ÉPERON, N.° 7; MM. POURRAT FRÈRES, RUE DES PETITS-AUGUSTINS, N.° 5.

1834.

TABLE
DES MATIÈRES.

NANCY, Imp. de RICHARD-DURUPT, rue des Maréchaux, n.° 10.

DES

DROITS D'ENTRÉE

SUR LES LAINES

ET

SUR LES BESTIAUX.

I. CONSIDÉRATIONS PRÉLIMINAIRES.

Des modifications sont réclamées par des intérêts divers, dans plusieurs articles du tarif des douanes. Je présenterai ici quelques observations sur deux de ces articles. Celui des *laines* et celui des *bestiaux*; et mon sujet me forcera d'entrer dans diverses considérations sur l'application des droits protecteurs à l'économie agricole du pays, principalement en ce qui concerne les produits du genre animal.

Pour bien apprécier les droits de cette espèce, il est nécessaire de considérer d'abord les causes qui rendent nécessaires en France des droits protecteurs en faveur des produits de l'industrie agricole. Sans doute, au nombre de ces causes, on doit compter la charge des impôts plus onéreuse dans notre pays pour la production en tout genre, que chez la plupart des nations dont nous pouvons consommer les produits. Cependant le territoire français offre tant de ressources, et des ressources tellement variées, qu'on peut croire que l'industrie agricole y aurait peu à redouter la concurrence des produits étrangers, malgré les charges qu'elle supporte si elle avait su se placer au même degré que les nations voisines, sous le rapport de la perfection des méthodes et des procédés d'agriculture. Il est sans doute très-pénible de faire cet aveu; mais les immenses progrès qu'a fait l'art agricole, depuis un demi-siècle chez presque toutes les nations qui nous entourent, sont un fait à l'abri de toute contestation; et quelles que soient les causes qui ont retardé les progrès de l'art en France, c'est encore une vérité incontestable, que l'infériorité dans laquelle il est demeuré dans les 9/10 de l'étendue de notre territoire, relativement à l'Angleterre, l'Allemagne, la Belgique, la Suisse, etc. Mais cette infériorité tient-elle à des causes qui soient de nature à s'effacer graduellement; est-il raisonnable de soutenir l'industrie agricole par des droits protecteurs, dans l'espoir qu'elle produira à plus bas prix, à mesure que ses procédés s'amélioreront? Telles sont les questions qu'il faudrait résoudre négativement, si l'on voulait soutenir avec quelqu'apparence de fondement qu'il est convenable d'abandonner l'industrie agricole à ses propres forces; mais nul homme éclairé ne sera, je crois, disposé à le faire; et je ne pense pas qu'il soit même nécessaire de les discuter ici.

Tous les hommes qui ont fait de cette matière l'objet de leurs recherches, savent que c'est principalement sous le rapport de la production et de l'entretien des bestiaux, que l'infériorité de l'agriculture française est le plus caractérisée; et cette circonstance ressort de la nature même des choses. Partout, c'est pour pouvoir multiplier le bétail et pour le mieux entretenir, que l'on se livre à la culture des prairies artificielles ou des racines qui permettent, dans une multitude de circonstances, la suppression des jachères; et l'accroissement des engrais produits par la multiplication des bestiaux, offre le moyen d'augmenter les récoltes de tout genre.

Partout, dans les améliorations de l'agriculture, l'économie des bestiaux se présente donc en première ligne, non-seulement comme but, mais comme moyen de première importance. Delà résulte certainement la convenance de diriger d'une manière particulière vers les produits animaux, les encouragemens que le gouvernement du pays accorde à l'industrie agricole, par les droits de protection; et parmi ces produits, la laine et la viande doivent certainement être placés au premier rang.

1.re PARTIE.

Du droit d'entrée sur les laines.

Le droit d'entrée sur les laines présenterait une question assez simple, si les industries auxquelles cette matière sert de base, n'alimentaient que la consommation intérieure; et alors on pourrait se contenter de faire remarquer que l'agriculture du pays réclame une protection d'autant plus énergique relativement à cette matière, que celle-ci peut par sa nature nous être fournie par des nations fort éloignées, et placées dans des circonstances de production qui nous interdiraient toute possibilité de concurrence. Mais une portion plus ou moins considérable des produits de nos manufactures de lainage, est destinée à l'exportation; et cette circonstance vient apporter à la question la complication la plus grave dans l'esprit de beaucoup de personnes; je n'ai pas la prétention de traiter ici la question industrielle au milieu des opinions si contradictoires qui ont été émises sur ce sujet: je me contenterai donc de signaler quelques erreurs qui me semblent avoir servi de base à quelques-unes des argumentations que l'on a le plus fréquemment présentées en faveur de l'opinion qui demande l'abaissement des tarifs ; et j'y ajouterai quelques considérations puisées dans les circonstances agricoles du pays, et dans les principes qui me semblent devoir servir de base au développement de sa richesse industrielle.

Causes des variations survenues dans les prix des laines à diverses époques. — Aujourd'hui, la grande élévation du prix des laines, et surtout des laines fines et intermédiaires qui attirent presque seules l'attention dans cette question, est présentée comme un motif déterminant pour l'abaissement des droits; il y a peu d'années encore, lorsque les prix étaient excessivement bas, on accusait les tarifs eux-mêmes de cet abaissement, et on présentait ce dernier comme un argument en faveur d'une diminution des droits. On a voulu aussi, en rapprochant les chiffres des importations, à diverses époques, en tirer la preuve que les tarifs n'avaient pas protégé efficacement l'industrie productrice des laines dans le pays. Sans chercher à faire ressortir ici tout ce qu'il y a de contradictoire dans les raisonnemens dont on a appuyé ces diverses opinions, il me semble qu'il n'est pas difficile de montrer par quel enchaînement de faits ont été produites, d'abord la baisse graduelle qui a provoqué l'établissement des tarifs, ensuite la dépréciation excessive dont nous avons été témoins il y a peu d'années, et enfin l'élévation considérable des cours qui s'est manifestée en 1831. En considérant ces faits, on sentira qu'ils n'ont rien que de naturel, et qu'il est impossible d'en invoquer les résultats comme argumens contre l'élévation des droits d'entrée. Lorsque la race Mérine a été introduite en France, en Allemagne, et successivement dans tous les autres états de l'Europe, une période de haute prospérité a commencé pour l'industrie qui se livrait à l'éducation de ces animaux ; le prix élevé de leurs toisons, et celui des animaux mêmes que chacun recherchait pour la propagation, ont rendu cette industrie extrêmement lucrative pour tous ceux qui l'ont conduite avec quelqu'intelligence ; aussi les troupeaux de mérinos se sont-ils multipliés partout avec une incroyable rapidité ; et il n'est pas surprenant que dans cette période, l'industrie des bêtes à laine fine n'ait réclamé du gouvernement français aucun tarif protecteur. Mais à mesure que la masse des laines fournie par les troupeaux purs ou métissés s'est accrue, les prix ont dû décroître dans la même proportion, sur tous les marchés de l'Europe, jusqu'à ce que cette industrie se nivelât avec les autres spéculations qui ont pour but l'éducation, l'entretien et l'engraissement des animaux ; c'est-à-dire jusqu'à ce que, par l'effet de la concurrence entre les producteurs, en face des besoins d'une consommation fort accrue par l'abaissement des prix, mais enfin limitée, les prix de la laine fine s'établissent à un taux tel que les fourrages et les soins fussent payés par les mérinos, à peu près au même prix que par les autres espèces de bestiaux. L'émulation avait été tellement vive parmi les producteurs, que ce résultat fut atteint avec une rapidité peut-être sans exemple dans l'histoire de l'industrie agricole; et dans la période de 1820 à 1829, c'est-à-dire un peu plus de 50 ans après que la race mérine se fut établie hors de l'Espagne, cette industrie pouvait être considérée comme nivelée sur toute la surface de l'Europe ; et peut-être avait-on même déjà dépassé le point d'équilibre, comme il arrive presque toujours dans les développemens d'une industrie nouvelle.

C'est en France que s'est d'abord fait sentir, pour

les producteurs, la gêne qui résultait de cet avilissement successif des prix; et les causes de ce fait se présentent à l'observateur, de la manière la plus claire: tandis qu'en Allemagne, l'industrie des mérinos marchait de front avec les améliorations générales de l'agriculture, auxquelles se livraient avec ardeur les propriétaires qui résident presque tous sur leurs domaines, et qui s'occupent avec intelligence et activité des détails de l'économie rurale, tandis qu'en Hongrie, en Pologne et même en Russie, l'éducation des bêtes à laine fine était poursuivie également par de grands propriétaires, dans un système agricole bien en rapport avec l'état de ces pays, les choses se passaient très-différemment en France, chez un grand nombre de propriétaires qui s'étaient adonnés à l'industrie des mérinos: résidant presque toujours dans les villes et plus ou moins étrangers aux pratiques de l'économie rurale, ils ont créé avec empressement des troupeaux nombreux établis dans des conditions défavorables, parcequ'on les considérait généralement alors comme but unique, et non comme moyen d'amélioration agricole. En intervertissant les principes fondamentaux de l'économie rurale, on a considéré les fermes comme l'accessoire, et le troupeau comme but principal. Tant que les prix des produits sont restés très-élevés, une combinaison aussi vicieuse a pu se soutenir; mais dès que, par l'abaissement des prix, le troupeau a cessé de pouvoir fournir à lui seul tout le revenu d'un domaine mal cultivé d'ailleurs, cette industrie a commencé à rétrograder sur une multitude de points dans notre pays. C'est de cette époque que datent les plaintes si vives et si persistantes des propriétaires, éleveurs de bêtes à laine, et c'est là le principal motif qui a rendu nécessaire l'établissement des droits protecteurs; mais la production continuant de s'accroître à l'étranger, dans une énorme proportion, les tarifs sont devenus insuffisans pour protéger cette industrie en France, partout où elle n'avait pas été établie sur des bases bien calculées.

En 1831, une nouvelle période a commencé relativement aux prix des laines. Une élévation subite et considérable s'est manifestée dans les prix sur tous les marchés de l'Europe, et se soutient encore aujourd'hui. La cause de ce changement se présente avec évidence à tous les yeux. Une série consécutive de trois étés excessivement pluvieux, de 1829 à 1831, a causé, sur toute la surface de l'Europe, une effroyable mortalité parmi les bêtes à laine; et je ne pense pas qu'il y ait d'exagération à dire que le tiers au moins de l'espèce ovine a disparu par l'effet de cette épizootie. Sans les événemens politiques qui ont paralysé l'industrie en 1830, la hausse des prix se serait certainement fait sentir dès cette époque, malgré la surabondance des approvisionnemens précédemment causée par l'exagération dans la production; mais la hausse prévalut dès que l'activité a commencé à renaître dans les fabriques. Cette hausse est donc l'effet d'une cause accidentelle; et le niveau se rétablira dans les prix, à mesure qu'il se rétablira dans l'espèce des animaux producteurs; mais un espace de quelques années est nécessaire pour cela; et je dirai ici en passant, que la plupart des propriétaires de troupeaux, même parmi ceux qui ont apporté le plus de soins à cette industrie, sont bien loin encore d'avoir récupéré par l'effet de l'augmention des prix des laines, le montant des pertes qu'ils ont éprouvées par l'effet de la maladie. Je pourrais invoquer à cet égard, les chiffres d'une comptabilité régulière, tenu à Roville, et d'où il résulte que l'accroissement de valeur des produits d'un troupeau réduit de plus des 2/3 par l'effet de la maladie, n'équivaut pas encore aujourd'hui à la moitié du montant des pertes produites par la mortalité; et ce n'est que dans deux années environ, que l'effectif du troupeau de Roville, relativement au nombre de bêtes, pourra être ramené aux chiffres qu'il atteignait avant 1831.

Situation de l'industrie agricole en France, relativement à l'éducation des bêtes à laine en particulier. —L'exposé que je viens de faire, suffit, je pense, pour expliquer, d'une manière toute naturelle, les variations survenues depuis une vingtaine d'années dans les prix des laines fines et intermédiaires, et pour disculper les tarifs de reproches de plus d'un genre. Je crois nécessaire, toutefois, de présenter ici une considération qui me semble d'une très-haute importance relativement à la production de la laine en France. J'ai exposé tout-à-l'heure la cause d'une multitude de mécomptes éprouvés par des propriétaires français, dans l'éducation des troupeaux fins ou améliorés. Il est une autre cause plus générale, qui a empêché que l'éducation des bêtes à laine de toute espèce, suivit, en France, la marche des autres améliorations de l'agriculture. Il est notoire, pour tous les hommes qui ont observé la marche des progrès agricoles dans notre pays, que dans la plupart des localités c'est dans la petite culture qu'elles se sont principalement introduites; mais c'est seulement dans les fermes grandes ou moyennes, que l'on entretient économiquement des bêtes à laine; il en résulte que tandis que les progrès généraux de la culture restaient arriérés en France, relativement aux nations voisines, l'industrie des bêtes à laine ne suivait pas même chez nous la marche générale des progrès agricoles. Dans quelques départemens qui avoisinent la capitale, où la grande culture s'est infiniment améliorée depuis le commencement de ce siècle, ainsi que dans ceux du Pas-de-Calais, du nord et dans un très-petit nombre d'autres où les améliorations dans la culture des fermes, date d'une époque plus reculée, l'éducation des troupeaux a pris en conséquence un grand développement. Dans quelques domaines disséminés sur divers points du reste du territoire, et exploités avec une industrieuse intelligence, on a pu aussi, à l'aide des améliorations introduites dans la culture, doubler et souvent quadrupler le nombre des bêtes à laine que l'on y entretenait auparavant; mais le nombre de ces exploitations est excessivement restreint, et l'on peut dire que sur les neuf dixièmes de notre territoire, la grande culture n'entretient pas plus de bêtes à laine qu'elle n'en entretenait il y a un demi-siècle.

Si l'on consulte le tableau donné par M. Chaptal sur les produits en laine dans divers départemens, on trouvera que quelques-uns des départemens du centre et du midi du royaume, peuvent seuls rivaliser sous le rapport de cette production avec ceux que je viens de désigner; et ils doivent cet avantage à cette circonstance, que la presque totalité de leur territoire se compose de grandes fermes, tandis que dans les départemens du nord que j'ai indiqués, une partie considérable des terres est exploitée par de petits propriétaires. Quant aux départemens du nord-est du royaume, où l'art agricole est en général assez avancé, mais presque exclusivement dans la petite culture, comme dans l'ancienne Lorraine et l'Alsace, la production en laine équivaut à peine, d'après le même tableau, à un tiers du produit moyen de tous les départemens du royaume.

Il est certain, d'un autre côté, que les améliorations de l'art agricole dans la petite culture, non-seulement n'ont pas profité à la production des bêtes à laine, mais ont exercé sur elle une influence défavorable. Une prodigieuse étendue de terrain, formant autrefois de grandes fermes, appartient aujourd'hui à une multitude de propriétaires qui les cultivent beaucoup mieux qu'on ne faisait autrefois, qui en tirent un produit infiniment plus élevé; mais les troupeaux y ont disparu, ou du moins le nombre en a considérablement diminué. On peut même dire que partout où les propriétés sont fort divisées, l'exclusion des troupeaux de bêtes à laine est une des conditions les plus indispensables de l'amélioration de la culture, parcequ'il n'y a plus de parcours possible, c'est-à-dire de troupeaux communs, sur un territoire ainsi morcellé, lorsque les propriétaires veulent être libres de suivre dans leurs champs le mode de culture qui convient le mieux à leurs intérêts.

Cet effet est fort remarquable dans tous les départemens du nord-est de la France, où la petite culture prend chaque jour plus d'extension, par la division successive des propriétés. Ailleurs l'effet est moins sensible par grandes masses, mais il se produit dans une foule de localités isolées. Ainsi, pendant une période où l'accroissement de l'aisance dans les classes inférieures augmentait certainement en France la consommation des étoffes de laine de toute espèce, mais surtout des draps fins et moyens, la production intérieure des laines ne suivait pas même la progression qu'eût dû lui assigner la marche générale des améliorations agricoles. Cette considération donnera une explication très-simple de quelques faits recueillis dans les relevés des douanes, et dont on avait cru pouvoir tirer cette conséquence que les tarifs n'ont pas favorisé la production des laines dans le pays ; et il demeure bien certain que sans l'existence des droits de protection, les importations auraient été encore bien plus considérables.

Dans la situation actuelle de la production des laines en France, il est évident que ce n'est qu'à l'aide d'un déplacement dans l'industrie des bêtes à laine, que le pays pourra s'élever sous le rapport de cette production, au niveau des ressources que lui offre son territoire. Ce déplacement est commencé ; et il serait fort difficile de déterminer aujourd'hui dans quelle proportion se rencontre l'accroissement des produits d'un côté, et la diminution de l'autre ; mais pour que ce déplacement s'achève, il faut que la grande culture, si fortement arriérée chez nous, s'élève au niveau de l'art chez les nations voisines ; il faut, non-seulement qu'elle accroisse ses produits en laine, en proportion des besoins de la consommation, mais qu'elle remplisse le vide laissé dans la production, par les améliorations même et les accroissemens qu'a reçus et que recevra encore la petite culture. La possibilité d'atteindre ce but, ne peut être la matière d'un doute; et en supposant même que, dans l'espace de quelques siècles, la moitié des domaines qui sont aujourd'hui soumis en France, à la grande culture, serait morcellée pour passer entre les mains de petits propriétaires, il resterait encore plus de fermes qu'il n'en faudrait pour suffire, à l'aide d'une culture soignée, à une production de laine infiniment plus considérable que ne le demanderaient les besoins du pays. Sur presque tous les points de notre territoire, on voit, principalement depuis une dizaine d'années, une multitude de propriétaires se dévouer avec ardeur à cette tâche, qui doit avoir pour résultat de combler des déficits de plus d'un genre dans la production du pays ; et la plupart d'entr'eux le font avec des chances de succès bien plus favorables que leurs dévanciers, parce que l'on commence à mieux comprendre en France, du moins parmi une certaine classe de propriétaires, les questions d'améliorations agricoles ; mais il est bien certain que la situation actuelle, principalement pour ce qui se rapporte à l'éducation des troupeaux de bêtes à laine, constitue, pour l'agriculture française, un véritable état de crise qui se prolongera encore pendant une série d'années plus ou moins longue, et qui réclame de la part de l'administration supérieure, de grands ménagemens et une attention toute particulière, si l'on ne veut pas comprimer les efforts auxquels se livre évidemment dans notre pays la grande culture, pour sortir de l'état d'infériorité où elle est encore placée presque partout.

Quoiqu'on semble dédaigner généralement de s'occuper de ce qui concerne les laines communes, c'est toutefois là un objet d'une beaucoup plus haute importance que ne paraissent le croire beaucoup de personnes : il est facile de comprendre le déficit qui s'en fait sentir en ce moment dans notre pays. Non-seulement beaucoup de troupeaux de bêtes communes ont été améliorés par le métissage, ou remplacés par des troupeaux fins, mais c'est à cette espèce qu'appartenaient tous les troupeaux communaux qui ont été considérablement réduits dans leur nombre, ou totalement anéantis par les difficultés de la pâture commune dans les localités où les propriétés très-divisées, ont été soumises à un mode de culture plus lucratif et plus judicieux. Cette diminution des troupeaux communs est déjà fort sensible dans plusieurs parties du royaume ; mais elle est loin d'être à son terme ; et il est facile de prévoir que c'est encore uniquement sur les améliorations de la grande et de la moyenne culture, que l'on doit compter pour remplir ce vide. Chez les nations voisines, les progrès de la culture dans les grands domaines ont permis de faire marcher de front l'introduction des troupeaux fins avec l'amélioration des races communes; et chez nous, beaucoup de propriétaires commencent à sentir que ce n'est pas exclusivement à l'éducation des mérinos qu'il convient de se livrer dans une agriculture progressive, et qu'il peut y avoir autant de profit dans l'entretien des troupeaux de race commune; aussi, dans beaucoup de grandes exploitations, on a déjà commencé à diriger la spéculation vers quelques-unes de nos races communes, en les améliorant par un régime plus judicieux ; et un grand nombre d'autres propriétaires commencent, depuis quelques années, à flotter dans l'indécision, relativement au choix de la race qu'ils adopteront, tandis que si l'on remonte seulement à dix années, il était presque sans exemple, en France, qu'un propriétaire améliorateur ne dédaignât pas de placer un troupeau de race commune sur son domaine. Ce changement dans la direction des idées des éleveurs, est d'autant plus important que c'est dans les troupeaux des races à grosse laine que l'on trouvera certainement le plus de ressources pour alimenter la consommation en viande de boucherie, quoique je ne prétende rien préjuger sur les résultats qu'il est permis d'attendre dans la suite, de l'introduction des races anglaises, qui n'offrent encore que des essais sur lesquels l'expérience doit ultérieurement prononcer. Pour la production des laines communes, de même que pour celle des laines fines, l'agriculture française est donc placée en ce moment dans une situation transitoire dans laquelle la production du pays serait gravement compromise si cette industrie n'était pas l'objet des ménagemens que réclame cette position ; et la production des laines se lie si intimement, surtout dans l'état particulier où se trouve notre pays, aux améliorations les plus importantes pour la prospérité de l'art agricole, que c'est sur l'économie rurale toute entière que retomberaient les mesures qui tendraient à décourager l'industrie des troupeaux.

Lorsque je parle ici de fermes de grandes cultures, il faut bien se garder de tout rapprochement qui tendrait à les faire confondre avec ce qu'on désigne communément sous le nom de *la grande propriété*. Une ferme de 100 hect. appartient à la grande culture, et son produit est communément de 2 à 3,000 francs, selon les localités ; sur la plus grande partie de la surface du territoire français, le produit est vraisemblablement même en moyenne au-dessous de ce premier chiffre ; et parmi les fermes de cette contenance, il en est un très-grand nombre dont le produit n'est pas suffisant pour conférer à leurs propriétaires le cens électoral. Sous le nom de fermes de moyenne culture, j'ai voulu désigner les exploitations dont le produit n'est communément que de 600 à 1,000 fr. Pour les unes comme pour les autres, il faut donc qu'un assez grand nombre de domaines soient réunis entre les mêmes mains pour constituer ce qu'on appelle communément un grand propriétaire ; mais dans l'état actuel de la division des fortunes en France, ce cas n'est certainement pas le plus ordinaire ; et l'immense majorité des propriétaires de fermes de grande et de moyenne culture sont des hommes qui appartiennent aux classes moyennes de la société. On doit donc repousser toute idée d'aristocratie territoriale, lorsqu'il est question d'encouragemens à accorder à ce genre de culture; et il demeure certain que c'est bien celui qui doit attirer le plus vivement la sollicitude du gouvernement de notre pays, parceque c'est lui qui est évidemment resté en arrière dans la marche des progrès que l'art agricole a faits en France. Ce sont, d'ailleurs, la grande et la moyenne culture qui peuvent à peu près seules fournir à la subsistance des villes et des populations manufacturières. La petite culture occupant un beaucoup plus grand nombre de bras sur une surface de terre égale, contribue davantage à accroître la population des campagnes; mais, par le même motif, elle consomme presque en totalité ses produits, et n'offre que très-peu d'excédant disponible pour la consommation des grands centres de population.

Des faits que je viens d'exposer, on peut, je pense, déduire les conséquences suivantes:

1.° Les variations générales qu'ont éprouvées les cours des laines sur tous les marchés de l'Europe, depuis une vingtaine d'années, sont un effet très-naturel des développemens de l'industrie productive ou des désastres qu'elle a éprouvés. Les droits établis par les tarifs français n'ont certainement pas exercé l'influence que quelques personnes leur avaient attribuée pour déprimer les cours, ou du moins cette influence a été bien faible, puisque les prix se sont considérablement élevés malgré l'existence des tarifs, lorsque des causes naturelles ont dû produire la hausse; et il n'y a aucun motif raisonnable de douter que les droits protecteurs aient produit l'effet qu'on en attendait, en faveur de l'agriculture française, en élevant dans une certaine proportion, les prix à l'intérieur.

2.° L'industrie agricole se trouve placée aujourd'hui, en France, dans une position particulière et transitoire, dans laquelle l'éducation des bêtes à laine se lie plus intimement encore que dans toute autre circonstance, aux améliorations générales de la culture.

Parallèle entre l'industrie agricole et l'industrie manufacturière appliquée à l'exportation. — Maintenant si l'on voulait placer en parallèle avec les intérêts agricoles ceux de l'industrie manufacturière dans ses rapports avec l'exportation des lainages, afin de reconnaître de quel côté se trouve la source la plus abondante de richesse et de prospérité pour le pays, et par conséquent, lequel de ces deux intérêts se confond le mieux avec l'intérêt général, un simple rapprochement de chiffres pourrait, je pense, répandre beaucoup de jour sur cette question. D'après les relevés présentés par M. Chaptal, la production des laines de toute espèce se portait, en France, au commencement de ce siècle, à 35,188,910 kilogrammes, et il lui attribue une valeur de 81,339,317 fr. La production s'est certainement beaucoup accrue depuis cette époque, et M. Charles Dupin évalue cet accroissement à un cinquième, ce qui porterait à environ cent millions de francs la valeur de laines récoltées annuellement en France, vers l'époque de 1830. D'après les recherches de M. Chaptal, les importations de laines étrangères s'élevaient, en 1789, à environ quatorze millions, qu'il suppose réduits à douze millions, dans les premières années de ce siècle. D'un autre côté, il évalue les exportations d'objets fabriqués en laine, à 21,402,367 fr., tandis qu'il porte à 216,731,565 fr., la masse des produits fabriqués en laine, réservés à la consommation du pays.

D'après les états publiés par l'administration des

douanes pour 1832, l'importation des laines étrangères ne s'est plus élevée qu'à environ sept millions, mais l'exportation des tissus de laine s'est élevée dans cette même année à 34,528,020 fr., c'est-à-dire qu'elles se sont accrues de plus de moitié depuis l'époque indiquée par M. Chaptal. Je ferai remarquer en passant que ce fait ne justifie guère les plaintes amères qu'expriment les fabricans sur les désastreux effets qu'exercent les tarifs sur leur industrie. La consommation du pays, en lainages, s'est certainement beaucoup accrue aussi; et c'est évaluer fort bas cette augmentation que de l'estimer au quart, ce qui porterait aujourd'hui la valeur des lainages créés par l'industrie intérieure pour la consommation du pays, à 270,000,000 f. environ. Si l'on considère, d'une part, l'accroissement de population qu'a reçu notre pays, et de l'autre, l'augmentation de l'aisance dans les classes les plus nombreuses, on jugera, je pense, que ce dernier chiffre doit être au-dessous de la réalité. Il y a certainement quelque chose de très-instructif, dans le simple exposé de ces chiffres; et il devient facile d'apprécier quelle importance relative on doit attribuer dans la richesse générale du pays, à l'industrie manufacturière appliquée à l'exportation, à côté de la masse des intérêts de la production et de la consommation à l'intérieur.

En supposant que dans les lainages exportés, les deux tiers du prix représentent la main-d'œuvre dans toutes les opérations, et le bénéfice du fabricant, il en résulterait que vingt-un à vingt-deux millions sont annuellement gagnés par la classe manufacturière, au moyen d'une exportation, équivalant à environ trente-quatre millions de francs. Mais de combien pense-t-on que cette somme pourra diminuer ou s'accroître, par l'effet de mesures plus ou moins favorables que le gouvernement croira devoir prendre relativement à l'industrie des tissus de laine? Croit-on qu'on pourrait accroître les exportations de 50 p. 0/0, au moyen de mesures qui feraient pencher la balance des tarifs, le plus énergiquement qu'on peut le supposer, au détriment de la production agricole, pour favoriser les manufactures? Ou croit-on que l'exportation pourrait diminuer de moitié, par l'effet de mesures très-favorables à la production agricole? Dans cette supposition extrême, c'est dans les limites de dix à onze millions au-dessus ou au-dessous d'un chiffre donné, que pourraient s'étendre, relativement à la richesse générale du pays, les résultats des dispositions législatives sur cette matière; mais que sont donc dix à onze millions relativement aux cent millions qui représente la valeur annuelle des laines brutes du pays, ou des deux cent soixante millions de tissus manufacturés que la France consomme?..... Que la production des laines du pays s'accroisse ou diminue, non pas de moitié comme je viens de le supposer pour les draps exportés, mais seulement d'un dixième, et nous aurons pour la richesse générale un résultat égal aux plus fortes variations que l'on puisse supposer dans le chiffre des exportations. Et ce dixième d'augmentation dans le produit des troupeaux, de quel accroissement ne serait-il pas la source dans les produits de l'agriculture en tout genre!.....

Relativement à l'intérêt des fabricans eux-mêmes, ne demeure-t-il pas évident que les variations qui peuvent survenir dans la consommation du pays sont pour eux d'une bien autre importance que les débouchés à l'étranger, sur lesquels ils se sont habitués à tenir constamment les yeux ouverts? Mais c'est surtout dans les classes agricoles qui forment presque les quatre cinquièmes de la population du pays, qu'ils peuvent trouver le plus de ressources pour l'accroissement de la consommation de leurs produits: à mesure que l'aisance se répand dans les campagnes, l'homme qui ne portait que de la bure, consomme des draps communs, et celui dont les habits étaient de drap, en portera bientôt de plus fin. La prospérité de l'industrie agricole intéresse donc infiniment plus les fabricans français que la consommation des pays étrangers; et si l'industrie des lainages a accru ses exportations d'une douzaine de millions depuis quarante ans, ses débouchés à l'intérieur se sont certainement augmentés de plus de soixante millions, principalement par l'effet du développement de l'industrie agricole.

Plus on approfondit ces matières, plus on reconnaît à quelles mesquines dimensions se réduisent les plus pompeuses questions d'exportation, lorsqu'on place en regard la production et la consommation intérieure. Pour tout pays, le débouché le plus important de ses produits, est son propre marché: cet axiome était populaire en Angleterre, dès le temps de la plus haute prospérité du commerce extérieur de cette nation; mais combien n'est-il pas plus vrai pour nous, dans notre position territoriale et dans la situation actuelle du commerce et de l'industrie chez toutes les nations du globe. Dans l'état de système de protection pour l'industrie intérieure, que toutes les nations ont été forcées d'adopter, à l'imitation de l'Angleterre, il n'y a certainement plus pour aucun peuple, la plus légère chance de parvenir à un haut degré de richesse par les bénéfices du commerce extérieur: c'est dans la production et la consommation intérieures, que tous les peuples peuvent trouver, aujourd'hui plus que jamais, la source la plus féconde de prospérité et de splendeur. Mais pour nous, Français, avec le territoire que le ciel nous a donné, avec notre unité sociale, étendue sous des climats si variés, c'est certes bien là la carrière d'émulation entre les peuples que nous aurions dû accepter par choix, car il n'en est aucune autre dans laquelle il nous fut possible de développer d'aussi importans avantages.

Beaucoup d'amis de l'agriculture semblent se résigner aujourd'hui à un abaissement dans le tarif des laines; il est facile de comprendre qu'ils cèdent ici bien moins à leur propre conviction qu'à un certain entraînement très-remarquable à notre époque, et d'après lequel une multitude d'hommes dirigent vers le commerce extérieur toutes les idées de richesse et de prospérité des nations. Rien de plus évident que la cause de cet entraînement: Une nation a élevé presque de nos jours un édifice colossal de richesse et de prospérité. L'Angleterre est la première nation du monde où l'on ait bien compris les sources de la richesse des peuples; et sous l'empire d'institutions qui assuraient une marche constante, de la part du gouvernement, dans la ligne des intérêts du pays, et aussi à l'aide de l'ignorance dans laquelle vivaient alors les autres nations, relativement aux moyens de favoriser leurs relations commerciales, cette nation a vu naître et grandir, en peu de temps, un système de mesures politiques et administratives, à l'abri desquelles tous les genres d'industrie ont pris chez elle un essor sans exemple. L'agriculture, les manufactures et le commerce intérieur et extérieur ont reçu de tels développemens, que l'on ne saurait dire laquelle de ces branches de la prospérité britannique est restée en arrière, ou laquelle s'est élevée plus haut. Mais au dehors, ces trois branches n'ont pas apparu avec le même éclat, aux yeux des nations qui contemplaient ce spectacle ; et il faut bien dire qu'en France, il a été encore moins compris qu'ailleurs, dans presque toutes les classes de la société. Les immenses développemens du commerce extérieur de l'Angleterre sont, dans son histoire industrielle, le trait qui a le plus vivement frappé les imaginations, parceque c'est en effet le plus apparent pour les nations avec lesquelles l'Angleterre est en relation. On a bien aussi reconnu l'immense supériorité de cette nation dans les procédés des manufactures ; mais pour l'agriculture, j'invoque à cet égard les souvenirs de tous les hommes qui s'occupent de cette matière : on savait à peine en France, il y a 15 ans, que l'art agricole fût plus avancé dans les Iles Britanniques que chez nous ; et ce fait était formellement nié au commencement de ce siècle, par les agriculteurs français les plus renommés. Aujourd'hui encore, un très-petit nombre d'hommes savent chez nous quelle immense part a eu l'industrie agricole dans le développement de la prospérité britannique.

C'est en conséquence vers le développement de l'industrie manufacturière, mais surtout du commerce extérieur, que l'on a dirigé presque toutes les idées de prospérité que l'on a fondées dans ces derniers temps sur l'imitation de la marche de l'industrie anglaise ; et le développement du commerce étranger a été le thème favori de la plupart des écrivains qui se sont occupés de rechercher les sources de la richesse publique. Il n'est pas possible qu'on ne reconnaisse pas bientôt, combien cette tentative d'imitation était maladroite dans l'état nouveau des relations des peuples entr'eux ;

tel qu'il est résulté des développemens de l'industrie anglaise elle-même. Et ce qui ne contribuera sans doute pas peu à dessiller les yeux de beaucoup d'hommes sur ce sujet, c'est le spectacle que nous offre aujourd'hui l'Angleterre, placée par son commerce extérieur dans une véritable dépendance de toutes les nations du monde et de tous les événemens politiques qui peuvent apporter quelques changemens dans les relations des peuples entr'eux; en sorte que chaque jour sa prospérité intérieure et l'existence même de sa population, sont menacées par toutes les questions politiques qui peuvent surgir sur la surface du globe.

Mais il est un autre genre d'imitation pour lequel il y a toujours place chez un peuple qui possède un territoire fertile, et par lequel nous pourrions non seulement marcher sur les traces de la nation anglaise, mais même la dépasser dans un assez court espace de temps; c'est celle qui a pour objet les améliorations dans la culture du sol; la carrière est immense, et nos propres fautes peuvent seules nous empêcher de la parcourir, car pour celle-ci, nous ne dépendons que de nous-mêmes; un débat survenu dans la Baltique ou aux Dardanelles ne pourra nous arrêter dans les progrès que nous y ferons. M. Ch. Dupin porte à plus de cinq milliards de francs la valeur annuelle des produits agricoles du sol français. On ne peut évaluer à moins d'un quart l'accroissement qu'ont éprouvé chez nous ces produits, depuis 1789, puisque la population elle-même s'est accrue d'un quart; et il est vraisemblable qu'il serait plus exact d'évaluer l'accroissement des produits agricoles au tiers, pendant cette période, à cause de l'excédant de consommation qui a été le résultat de l'accroissement de l'aisance dans les classes inférieures. C'est donc au moins à un milliard et demi de francs par année que l'on doit évaluer l'augmentation que la richesse générale du pays a éprouvée par l'effet des améliorations de l'agriculture depuis quarante ans. Et cet accroissement a été nécessairement accompagné d'une augmentation correspondante dans les produits des autres genres d'industrie consommés par la classe d'hommes dont l'agriculture paie les travaux, et qu'elle nourrit de ses produits.

Que l'on compare maintenant à ces développemens de la richesse publique par la production et la consommation intérieures, les résultats les plus brillans qu'on pourra les faire même sur le papier, de toutes les combinaisons qui ont pour but d'accroître la richesse publique par le développement du commerce extérieur. Ce que la France a gagné depuis quarante ans par l'amélioration de son agriculture, elle peut le doubler, le tripler, peut-être, dans l'espace de quarante autres années; et c'est à cet avenir que quelques personnes croient pouvoir opposer des intérêts de commerce extérieur, dont on ose à peine aborder les chiffres, lorsqu'on a essayé de soumettre au calcul les sources les plus fécondes de la prospérité intérieure du pays.

Sully avait certainement deviné ces chiffres à une époque où personne n'avait encore songé à les poser: homme de génie autant qu'homme d'état, ayant vécu d'ailleurs au milieu des travaux des champs, comme le faisaient encore de son temps les hommes des classes supérieures, il avait compris ce que peut, pour la richesse et la prospérité du pays, cette immense manufacture qui en couvre toute la surface, qui donne à la fois à tous les hommes qu'elle emploie, c'est-à-dire, presque aux quatre cinquièmes de la population totale, le salaire, les alimens et les vêtemens; qui fournit à toutes les autres industries, et les matières premières qu'elles emploient, et la subsistance des hommes qui les exploitent; qui crée enfin à elle seule, des produits pour une valeur infiniment plus élevée que toutes les autres industries prises ensemble. Sully avait compris ces vérités, et toutes ses mesures administratives furent dirigées par les principes qu'elles lui traçaient. L'agriculture fut considérée par lui comme la base fondamentale de la prospérité du pays; et il se tint pour bien assuré que le commerce intérieur et toutes les autres branches d'industrie fleuriraient, pourvu que l'agriculture fût prospère. Les immenses succès qu'il obtint, le point de prospérité auquel la France parvint sous son administration, n'auraient pas été un exemple perdu pour les successeurs de ce grand homme, si les préoccupations, dont j'ai parlé tout-à-l'heure, n'étaient venues offrir à l'opinion publique, une lueur qui l'égara dans une fausse route; et Sully fut en France le dernier homme d'état qui plaça l'agriculture au premier rang, parmi les sources de la prospérité du pays.

Cette nouvelle direction de l'opinion publique dans notre pays n'a rien, au reste, qui doive surprendre; et il était naturel que l'agriculture fût abandonnée et méconnue, lorsque les hommes des classes élevées de la société, les grands propriétaires du sol, désertèrent les campagnes comme ils l'ont fait en France depuis deux siècles: agglomérés dans les villes, étrangers aux choses rurales, tous les hommes qui pouvaient exercer quelqu'influence sur la conduite des affaires publiques, ne virent presque plus, parmi les sources de la prospérité du pays, que celles qui s'exercent dans les grandes cités et avec l'éclat des tableaux d'importation et d'exportation. C'est ainsi que nous sommes arrivés à ce point que nous possédons des ports de mer créés avec d'énormes dépenses, et des chemins vicinaux impraticables; que la circulation des produits est entravée sur toute la surface du pays, par le défaut de ponts sur les rivières et les ruisseaux, tandis qu'on prodigue les millions aux pêcheries maritimes, avec une duperie que l'on ne pourra plus comprendre, lorsque certaines préoccupations particulières à notre époque, auront fait place à une plus juste appréciation des sources de la richesse du pays; c'est ainsi que nous avons un code de commerce tracé par des hommes d'un mérite supérieur, tandis qu'on n'écoute pas même les plaintes des agriculteurs qui réclament depuis quarante ans un code rural.

Malgré cet abandon presque absolu du gouvernement, l'agriculture a marché en France depuis Sully, et surtout depuis la fin du siècle dernier : il était bien impossible en effet que cet art demeurât complètement stationnaire dans notre pays, au milieu des immenses progrès qu'il faisait chez la plupart des nations voisines. Mais à quel degré de prospérité ne serait-il pas parvenu, si l'administration publique l'eut fait du moins entrer en partage de sa sollicitude et de ses faveurs........ Croit-on qu'un budget d'un milliard causérait aujourd'hui le moindre embarras au gouvernement du pays, à côté des ressources que lui offrirait une agriculture avancée comme la nôtre le serait aujourd'hui, si la tâche de Sully eût été continuée? et l'édifice de prospérité élevé ainsi, n'offrirait-il pas un caractère de solidité bien différent de celui que chacun reconnaît aujourd'hui dans la prospérité britannique?

Le temps n'est pas éloigné certainement où les vérités de ce genre seront généralement comprises : pendant long-temps, les chiffres recueillis dans les bureaux des douanes ont été les seuls élémens des calculs sur la richesse des peuples; mais depuis que la science de la statistique a scruté plus attentivement les sources de la richesse des nations, il n'est pas possible que l'on tarde long-temps à reconnaître quelle immense importance on doit attacher aux divers genres d'industrie qui alimentent la consommation intérieure. D'ailleurs, la classe d'hommes qui avait déserté la terre, en a subi la peine: elle en a perdu la possession, et en même temps la prééminence sociale qui s'attache toujours à la propriété du sol. De nouveaux propriétaires, placés plus près de la production agricole, donneront une nouvelle direction à l'opinion publique, et nos institutions reportent naturellement l'administration de l'état vers les besoins et les intérêts de toute la surface de notre territoire; ainsi on ne doit pas craindre que les sources les plus fécondes de la richesse publique soient encore long-temps sacrifiées à quelques doctrines professées par la moderne école française d'économie sociale.

Faudra-t-il pour cela sacrifier nos relations avec les peuples étrangers, et nous confiner, comme les Chinois, dans les limites de nos frontières? Non, certes; et il serait insensé de ne pas continuer à tirer du commerce extérieur le meilleur parti possible pour la richesse du pays; mais je pense qu'on peut avancer hardiment comme un axiome fondamental de l'économie sociale, que le soin le plus important du gouvernement doit être de ménager le marché du pays aux produits de l'industrie intérieure. Tous les sacrifices que l'on croirait devoir faire au préjudice de l'industrie intérieure, alimentant la consommation du pays, dans la vue de favoriser le commerce étranger, constitueraient autant de fautes graves dont l'effet serait infailliblement une diminution dans la richesse nationale; et la faute serait certainement encore plus grave, si c'est au détriment de l'industrie agricole que l'on veut favoriser une production industrielle destinée au commerce étranger: c'est la marche inverse de celle qu'avait adoptée Sully; et se résigner à un semblable sacrifice, c'est presque toujours consentir à perdre vingt pour gagner deux ou trois. Lorsqu'on appliquera cette échelle à la question des laines, je ne crains pas de dire que l'on ne pourra hésiter un instant entre les deux genres d'intérêt qui sont ici en présence. Des droits protecteurs à l'entrée ont été jusqu'ici à peu près le seul genre d'encouragement que l'art agricole ait reçu du gouvernement français; et c'est cet unique genre d'encouragement que le commerce étranger vient encore nous disputer aujourd'hui: tout changement dans les tarifs protecteurs de la production du pays en cette matière, serait désastreux, parce qu'il n'y a pas en ce moment de questions plus vitales pour notre prospérité agricole, que l'accroissement ou la diminution ultérieure des troupeaux de bêtes à laine; et aussi parce que rien ne tendrait davantage à comprimer l'élan qui se manifeste dans l'économie rurale du pays, que le découragement qui ne manquerait pas de résulter de l'opinion que l'administration supérieure est peu disposée à placer les intérêts agricoles au rang qu'ils méritent réellement parmi les diverses sources de la richesse publique.

Du taux du tarif et de ses effets sur les prix, tant au dedans qu'à l'étranger. — Je n'ai pas dit un mot, dans tout ceci, du chiffre des tarifs; je laisserai à d'autres le soin de les discuter; et mon but a été seulement de rechercher les principes qui doivent servir de base aux discussions de cette nature.

Je dirai toutefois que parce que les laines sont imposées à l'entrée d'après les tarifs à trente-trois pour cent de leur valeur, on se tromperait beaucoup, si l'on croyait que la masse des laines importées acquitte réellement ce droit: dans les matières de ce genre, il s'établit nécessairement, entre le fisc et les intérêts privés, une lutte qui, on le sait bien, laisse toujours les chances les plus nombreuses en faveur de ces derniers; et pour tous les droits fixés *Ad volorem*, il est encore bien plus difficile d'empêcher que l'intérêt si attentif des importateurs, ne mette pas en sa faveur une certaine lattitude. La faculté de préemption a formé sans doute un obstacle à l'infidélité des déclarations, mais aucun homme versé dans ces matières ne sera disposé à croire qu'il soit possible d'obtenir, par ce moyen, autre chose qu'une approximation; et je ne sais si un directeur des douanes, éclairé et consciencieux, ne nous dirait pas que dans la réalité on ne doit pas évaluer en moyenne à plus de vingt-cinq pour cent de leur valeur, les droits que l'on acquitte sur les laines importées. Et c'est cette source d'abus que quelques personnes proposent d'élargir encore, en abrégeant les délais de la préemption, et en supprimant le minimum fixé pour les déclarations.

Quant aux effets des droits d'entrée sur les prix à l'intérieur, on commettrait une bien grave erreur, si l'on croyait que ces prix s'accroissent dans la proportion indiquée par le chiffre du tarif, et que les consommateurs sont ainsi grevés, sur tous les produits consommés dans le pays, d'un impôt égal aux droits d'entrée. Il en est ainsi, sans doute, pour les denrées que l'industrie intérieure ne peut produire, et pour lesquelles la consommation est uniquement alimentée par l'importation. Dans ce cas, le prix de la marchandise à l'intérieur s'élève réellement de tout le montant du droit. Mais pour les objets pour lesquels l'importation ne forme qu'un supplément à la production intérieure, les prix, sur les marchés du pays, ne sont influencés par les droits d'entrée que dans un rapport beaucoup moindre; et qui varie selon la proportion dansl aquelle se trouvent les quantités importées ou qui pourraient l'être en l'absence des droits, avec la masse des produits semblables, créés dans le pays; car c'est seulement par la diminution qu'occasionnent les droits d'entrée, dans les quantités offertes à l'intérieur, qu'il se produit une hausse de prix en rapport avec cette diminution.

Pour les laines, par exemple, admettons pour un moment que s'il n'existait pas de droits à l'entrée, les importations annuelles se porteraient à dix-sept millions, au lieu des sept millions qui s'importent dans l'état actuel des choses. Dans cette supposition, que l'on peut sans doute considérer comme offrant le chiffre le plus élevé qu'il soit raisonnable d'admettre, le pays produisant lui-même pour cent millions de laines, c'est par un déficit de dix millions sur cent dix-sept, que s'établit la hausse occasionnée sur les marchés du pays par les droits actuels. Il serait certainement fort difficile de fixer le chiffre de l'élévation de prix qui doit résulter d'une diminution de quantité renfermée dans ces limites; mais il est certain que cette élévation est bien loin des 25 ou 30 pour cent qui forment le montant réel du droit d'entrée; si l'on admet que la hausse des prix sera proportionnelle à la diminution de quantité dans l'approvisionnement, elle serait, dans ce cas-ci, représentée par 8 1/2 pour cent, pour résultat des droits d'entrée fixés par le tarif actuel; et l'on ne peut guère supposer que l'effet produit en faveur de la production des laines dans le pays, puisse, dans la réalité, s'exprimer par un chiffre plus élevé. Cette considération fera comprendre que des tarifs élevés peuvent seuls être de quelqu'efficacité pour les objets de la nature de celui-ci ; et des droits, qui n'auraient pas pour effet de réduire matériellement dans une assez forte proportion les quantités importées, seraient ici à peu près insignifians.

Les tarifs ont certainement aussi pour résultat un abaissement de prix sur les marchés étrangers ; et les fabricans français ont prétendu quelquefois que cet abaissement leur enlevait les moyens de soutenir la concurrence des fabriques étrangères. Il est facile de faire comprendre combien on a porté d'exagération dans les plaintes qu'on a fait entendre sur ce sujet, au nom des manufactures françaises. Le taux de la baisse qui a lieu dans ce cas-ci sur les marchés étrangers, est régi par le même principe qui détermine la hausse sur les marchés du pays, mais dans un sens opposé. La quantité de laine que les tarifs français repoussent, se trouve ajoutée à l'approvisionnement des marchés étrangers ; c'est de cet accroissement dans les offres, que peut seulement résulter la baisse des prix, et le taux de cette dernière est déterminé par le rapport qui se rencontre entre la masse totale des approvisionnemens, et l'excédant qui y est ajouté par la diminution des débouchés que pourrait offrir la France. Faisons remarquer ici que c'est à la masse des approvisionnemens en laine sur tous les marchés du monde commercial, la France exceptée, qu'il faut opposer cet excédant, puisque la laine est une denrée dont les prix se nivellent facilement malgré les distances ; et l'on comprendra non seulement que le taux de la baisse produite à l'étranger par les tarifs français est infiniment au-dessous de celui de la hausse produite à l'intérieur par l'effet de la même cause, mais même que cette baisse peut être considérée comme imperceptible dans la pratique. En effet, si la hausse à l'intérieur est déterminée par le rapport d'un *déficit* de dix millions sur un approvisionnement total de cent dix-sept millions, c'est encore dix millions que nous trouvons pour un des termes du rapport dans le calcul des causes de baisse à l'étranger; mais cette somme se trouve ici opposée à un autre terme tellement disproportionné avec elle, que la baisse qui en résulte ne mérite aucune attention relativement aux rapports de concurrence entre les fabricans français et les manufactures étrangères. Aussi, si l'on y apporte quelqu'attention, on trouvera que les cours des laines, tant en France qu'à l'étranger, n'ont été influencés, depuis l'établissement des tarifs, que par les causes générales de la production et de la consommation, sauf la différence relative, motivée par le tarif dans les cours des marchés français; et si l'on a cru souvent reconnaître d'autres influences à ces tarifs, en consultant les variations des cours et les relevés des douanes, c'est qu'on a négligé de prendre en considération les causes naturelles qui, comme je l'ai déjà fait voir, ont amené les variations que l'on a imputées aux tarifs.

Du droit d'entrée sur les Bestiaux.

Les droits que l'on a établis sur les bestiaux importés, forment, en faveur de l'agriculture du pays, un autre genre de protection d'une très-haute importance. On peut remarquer d'abord que l'article le plus important, dans l'introduction des bestiaux étrangers consistant en bétail à cornes, ce n'est plus dans un genre de culture particulier, ou chez une classe spéciale parmi les cultivateurs, que la protection accordée par les droits d'entrée, vient favoriser la production intérieure; mais c'est l'industrie agricole dans toutes ses combinaisons et dans presque toutes les localités, qui recueille le fruit de cette faveur. Il est bien, en effet, quelques cantons où l'élève du bétail à cornes a pris un développement particulier, par le résultat de quelque circonstance spéciale; mais partout, ou presque partout où l'on cultive les céréales, on élève des bœufs ou des vaches en plus ou moins grande quantité; et l'homme qui exploite un hectare de terre se livre à cette spéculation, de même que celui qui est placé à la tête d'une grande ferme. Là où la grande division des propriétés a réduit le nombre des troupeaux de bêtes à laine, c'est le bétail à cornes qui vient presque toujours les remplacer. Les bestiaux de cette espèce se sont incontestablement multipliés en France dans une proportion assez considérable depuis le commencement de ce siècle; mais à la réserve de quelques cantons très-limités, le nombre de têtes qui existent aujourd'hui est bien éloigné encore de celui qui serait nécessaire pour subvenir aux besoins d'une bonne culture.

Examen des intérêts vinicoles dans cette question.

C'est de l'Alsace, que sont parties, depuis quelques années, les plaintes les plus vives contre les droits d'entrée sur le bétail; et c'est au nom des intérêts alsaciens, qu'on en a réclamé avec le plus de force et d'insistance la suppression ou l'abaissement. Cherchons en conséquence à apprécier à leur juste valeur les intérêts alsaciens dans cette question: Les intérêts vinicoles se sont placés eux-mêmes en première ligne dans les réclamations contre les droits d'entrée sur les bestiaux; et l'on a dit que l'établissement de ces droits avait déterminé quelques états limitrophes de l'Allemagne à adopter des mesures de représailles qui avaient abaissé la valeur des vins produits en Alsace. Pour apprécier l'importance de ces plaintes relativement à l'intérêt général du pays, il faut rechercher d'abord quelle place occupent les intérêts vinicoles sur le territoire de l'Alsace. Les deux départemens du Haut et Bas-Rhin présentent une superficie totale de 800,757 *hectares*. D'après les renseignemens fournis par M. Chaptal, ces deux départemens contenaient en 1808, 26,575 *hectares* de vignes; je supposerai que, depuis cette époque, il y a eu accroissement d'un tiers de cette étendue; cela porterait la totalité des vignes existant aujourd'hui en Alsace à environ 35,000 hectares; c'est-à-dire, un vingt-troisième à peu près de la surface des deux départemens, dont le reste est agricole dans la presque totalité. Pour l'intérêt des consommateurs alsaciens, on peut le considérer comme hors de cause dans cette question, car lorsque les propriétaires de vignes demandent l'abaissement des droits d'entrée sur la viande, ils ne dissimulent pas que c'est dans l'espoir que cette mesure donnerait à leurs vins une valeur plus élevée: mais que l'on demande à un habitant de Strasbourg ou de Mulhouse, s'il trouverait fort avantageux d'obtenir, sur le prix de la viande, une diminution de cinq centimes par livre, sous la condition qu'il paierait désormais le vin à cinq centimes de plus par litre. Il y en aurait certes bien peu qui acceptassent ce marché, peut-être même quand on réduirait de moitié l'augmentation que je viens de fixer sur le prix du vin. C'est cependant bien ainsi que doit se présenter la question pour les consommateurs de Strasbourg, de même que pour les fabricans de Mulhouse, qui semblent insister vivement sur l'abaissement des droits d'entrée sur la viande, dans l'intérêt des ouvriers qu'ils emploient.

D'après cet exposé, on se demandera sans doute comment il se fait que les intérêts alsaciens aient été invoqués avec tant d'insistances dans cette question. Depuis quelques années, les représentans des intérêts des deux départemens du Rhin dans la chambre des députés, ont cru devoir faire entendre, à plusie urs reprises, les plaintes les plus vives, que la presse périodique a recueillies, emplifiées et commentées. Tout ce qui, de près ou de loin, tient aux intérêts de l'Alsace, a fourni son tribut de doléances en faveur de deux de nos départemens, écrasés, disait-on, et horriblement sacrifiés dans leurs intérêts les plus chers. Quant aux propriétaires et cultivateurs des *vingt-deux vingt-troisièmes* de la surface du sol dans ces départemens, ceux en faveur desquels ont été établis les droits d'entrée sur les bestiaux, les comptait-on pour quelque chose parmi les intérêts alsaciens? Vraiment non, car il n'est pas à ma connaissance, qu'aucun d'eux ait pris la parole ou ait cherché à susciter quelques voix éloquentes, pour prendre la défense de cette classe d'intérêts. De tels faits auraient lieu de surprendre, si l'on ne savait, par une longue expérience, combien les intérêts vinicoles savent prendre en France, une voix retentissante, au milieu des autres intérêts sociaux. Je ne veux pas, certes, en faire un sujet de reproches pour les hommes qui se sont constitués les défenseurs des intérêts d'une culture aussi intéressante en elle-même que la culture de la vigne; et je ne suis pas disposé à contester la haute importance de cette culture parmi les intérêts du pays: sous un régime de publicité, chaque genre d'industrie, chacun des intérêts sociaux sont appelés à faire valoir leurs droits ; il n'est pas rigoureusement nécessaire que chacun d'eux soit juste appréciateur de ces intérêts ou de son importance relative ; et l'on sent bien que l'on ne peut exiger que chacun se dépouille, dans les recherches de cette nature, d'illusions qui reposent très-souvent sur la bonne foi. C'est en qualité de plaideur que chacun fait valoir les droits et les prétentions de la branche d'industrie qu'il affectionne de préférence. Le juge du débat, c'est le public, et définitivement le gouvernement et les chambres, qui ne peuvent vouloir autre chose que ce qui s'accorde le mieux avec les intérêts généraux ; il est donc bon et utile que chaque classe d'intérêts se présente dans la lice de la discussion, et il n'est même pas déplacé qu'elle soutienne ses prétentions avec chaleur et vivacité. Ainsi, si l'on peut attribuer ici, un tort à l'une des parties, c'est aux intérêts agricoles, qui ne savent presque jamais prendre, dans les discussions de ce genre, la place que leur assigne le rang qu'ils occupent parmi les intérêts territoriaux du pays. Sur les limites de l'Alsace, nous trouvons, dans la chaîne des Vosges et dans le Jura, une superficie dix ou quinze fois plus considérable que toutes les vignes des deux départemens du Rhin, mais qui est spécialement consacrée à l'éducation du bétail à cornes ; dans ces montagnes cultivées avec la plus industrieuse activité, la population n'a pas même, je crois, présenté une seule pétition aux chambres, pour défendre ses intérêts les plus directs et les plus immédiats, contre les obsessions dont leurs voisins entouraient les grands pouvoirs de l'état : quelques personnes n'en auraient-elles pas conclu que les éleveurs des Vosges et du Jura n'ont rien à redouter de l'abaissement des tarifs qui protègent leur industrie ?..... Leur silence est un tort réel et fort grave ; et lorsque l'agriculture saura plaider sa cause comme le font les intérêts vinicoles, on ne sera plus exposé à voir, comme dans cette circonstance, une fraction très-minime de la population du territoire, persuader à une multitude de gens, que ses intérêts existent seuls dans la société. Ce que je viens de dire de la répartition des divers intérêts territoriaux en Alsace et dans les départemens voisins, peut s'appliquer de même à toute la surface du territoire français ; et partout, les intérêts agricoles, en faveur desquels les droits d'entrée sur les bestiaux ont été établis, dominent tellement tous les autres par leur importance dans la masse de la richesse publique, que lorsqu'on examinera cette question à fond, on sera disposé à n'attacher qu'une importance relative très-secondaire, aux motifs sur lesquels on appuie tous les jours les demandes d'abaissemens de ces droits.

Valeur des inductions tirées des relevés des douanes. — Quelques personnes se sont occupées de grouper en diverses périodes, les chiffres des importations de bestiaux, d'après les relevés faits dans les bureaux des douanes ; et l'on a voulu tirer de ces rapprochemens, diverses conséquences favorables ou contraires au système du tarif ; ces calculs ne pourraient présenter des données exactes, que dans le cas où l'on supposerait que la production et la consommation intérieures ont été invariables pendant toute la période de l'observation ; mais il n'en a certainement pas été ainsi. Il est bien certain, d'une part, que l'espèce des bêtes à cornes a considérablement augmentée en France, depuis le commencement de ce siècle ; et la consommation de la viande s'est aussi beaucoup accrue, à mesure que l'aisance s'est répandue dans les classes inférieures. Chez tous les peuples de l'occident, la prédilection pour la nourriture animale est très-prononcée : les populations ne se privent de viande, que lorsque la misère les empêche d'atteindre au prix de cet aliment ; partout c'est le régal du pauvre, et l'objet des principales consommations dans ces jours solennels où les indigens mêmes veulent s'élever pour quelques instans au-dessus du misérable régime de toute l'année. Ce n'est pas dans les grandes villes que l'on peut le mieux remarquer l'accroissement dans la consommation de la viande de boucherie, parce que là les hommes de toutes les classes font usage de cet aliment depuis fort long-temps ; et l'industrie y a arrangé les choses de manière que le pauvre y prend part à la consommation de la viande de boucherie, moyennant une dépense relativement assez modique. Mais dans les petites villes, dans les bourgs et dans les campagnes, on trouvera, si l'on veut y faire attention, que la consommation de la viande s'est accrue depuis trente ans, dans une très-grande proportion. Je ne veux pas parler ici de quelques localités, où l'établissement d'un genre d'industrie spécial fait particulièrement abonder le travail et accroître la population. A Mulhouse, à St.-Etienne, et dans une multitude de cantons où des causes du même genre ont produit des effets analogues, quoiqu'avec moins de développement que dans les deux villes que je viens de citer, l'accroissement de la consommation de la viande a été prodigieux ; mais dans les lieux mêmes qui ne se font distinguer par aucun genre d'industrie spéciale, et que l'on peut regarder comme étant sous le rapport des progrès, au niveau de la masse de la population sur la surface du pays, on trouvera partout que le nombre des animaux que l'on abat chaque semaine dans telle petite ville, est beaucoup plus considérable qu'il ne l'était au commencement de ce siècle; partout on verra la profession de boucher se multipliant dans les campagnes, là où l'on n'en comptait aucun il y a encore peu d'années. Tel village qui consommait à peine la chair d'une vache à sa fête patronale, avant 1790, consomme aujourd'hui à la même solennité, 4 ou 5 animaux, chacun d'un poids plus considérable qu'ils ne l'étaient alors; et souvent dans ce nombre, on compte quelques bœufs. Sans doute, toutes les parties du royaume n'ont pas pris une égale part à cet accroissement dans la consommation de la viande; mais je ne crois pas qu'il y ait un seul de nos départemens où cet accroissement ne soit très-sensible; et dans tous les départemens du nord et de l'est du royaume, l'augmentation est très-considérable. Dans un tel état de choses, ce n'est pas par les résultats de l'importation à diverses époques, qu'il est possible de juger de l'influence qu'ont exercé réellement les tarifs sur la production.

On ne pourrait pas davantage tirer des conséquences exactes de la comparaison des prix de la viande sur les marchés français avant et après l'établissement des tarifs, car les variations dans les cours sont influencées par bien des circonstances diverses, indépendamment des variations dans la consommation; et au nombre de ces circonstances, il faut placer en première ligne les variations dans l'abondance des récoltes de fourrage dans les diverses parties du royaume. Je ferai remarquer ici que ces variations exercent d'autant plus d'influence sur les cours de la viande, que l'agriculture est plus arriérée, car, dans un état avancé de l'art, les alimens du bétail étant beaucoup plus variés, les cultivateurs trouvent toujours des ressources pour remédier aux intempéries. C'est d'ailleurs là une influence qu'il est fort difficile de soumettre au calcul pour en apprécier les effets : il est certain, par exemple, que le premier résultat d'une disette de fourrage est d'abaisser le cours de la viande, parce que beaucoup de personnes, cherchant à se défaire de leurs bestiaux, la viande maigre est à très-bas prix, ce qui empêche que les cours de la viande grasse puissent s'élever. S'il survient à la suite une seconde année de disette de fourrage, la même cause de baisse se compliquera encore avec la tendance à la hausse, qui est le résultat de la diminution dans le nombre des bestiaux; et, à la première année d'abondance de fourrage, une cause active de hausse se fera sentir généralement, mais pourra encore être comprimée par d'autres causes sur lesquelles je ne dois pas m'étendre ici. Il est facile de comprendre, d'après ce que je viens de dire, combien seraient trompeuses les bases que l'on voudrait chercher dans les prix relatifs de la viande à l'intérieur, pour en tirer des conséquences quelconques sur l'influence qui a pu être exercée par l'établissement des droits d'entrée.

Il convient d'appliquer ici les mêmes observations que j'ai faites en parlant des laines; savoir : que l'élévation des prix à l'intérieur qui résulte des tarifs, est bien éloignée d'être égale au montant des droits d'entrée, puisque cette élévation ne résulte que de la diminution dans les approvisionnemens, qui est occasionnée par l'existence des droits : ici, la quantité des importations possibles ne formant encore qu'une bien faible partie de la production du pays, la masse générale des approvisionnemens ne peut être influencée que dans un rapport assez faible par la diminution de l'importation. Mais en supposant que le droit de 50 francs par bœuf se résolve en une élévation de 5 ou 6 francs seulement par tête, sur toute la production du pays, ce serait encore, pour cette dernière, un encouragement qui ne serait pas à dédaigner.

Fixation du droit d'entrée au poids. — On a proposé de changer le droit d'entrée sur les bestiaux par tête, en un droit fixé d'après le poids des animaux en vie. Ce serait, certainement là, une amélioration réelle dans la perception, si l'on considère le droit comme un impôt; mais il est bien certain aussi que cette modification dans le tarif élargirait beaucoup la porte à l'importation, même en supposant que les nouveaux droits fussent réglés de manière que le quintal de viande fut chargé d'un droit égal à celui qu'il payait en moyenne, sous le régime du droit par tête; car le mode proposé admettrait un grand nombre d'animaux qui ont été exclus jusqu'ici par un droit que l'on pourrait regarder comme équivalant pour eux à prohibition, c'est-à-dire, les animaux de petite taille. Depuis longtemps les cultivateurs français ont réclamé vivement contre la fixation des droits d'octroi par tête sur les animaux destinés à la consommation des villes; et c'est vraisemblablement d'après les plaintes qu'ils ont fait entendre, qu'on a cru devoir demander l'application au tarif des douanes, de la fixation des droits d'après le poids des animaux. Mais il faut bien dire qu'il n'y a aucune parité entre ces deux applications relativement à l'intérêt des producteurs français: à l'entrée des villes de consommation, ce sont généralement les animaux du pays qui se trouvent en concurrence entr'eux; et les bestiaux provenant des importations, ne s'y rencontrent relativement qu'en petit nombre. Là, il n'est nullement raisonnable de frapper un petit bœuf ou un petit mouton, d'un droit égal à celui que paient les animaux qui pèsent deux ou trois fois plus; et il résulte de cette inégalité, une défaveur très-marquée pour les cantons pauvres, ou peu fertiles, ou encore peu avancés dans les progrès de la culture; car, dans ces localités, les animaux sont toujours de petite taille. Il est certain que le mode de perception par tête, des droits d'entrée sur les bestiaux étrangers, vient encore aggraver les inconvéniens du mode adopté pour les octrois des villes; puisque, ce sont les plus gros animaux des autres pays qui, entrant de préférence, viennent faire concurrence aux productions du pays, dans la consommation des villes. C'est donc avec beaucoup de raison que les agriculteurs les plus éclairés demandent que les tarifs des octrois soient modifiés dans cette matière; et c'est là un objet d'une très-haute importance pour la prospérité de l'économie des troupeaux dans notre pays; mais, que l'on remarque bien que ce n'est qu'à l'entrée des villes et par le résultat d'un mode vicieux dans la perception des droits d'octroi, que l'agriculture du pays éprouve du dommage du mode de fixation par tête dans les tarifs des douanes; et si l'on modifiait ces derniers, sans apporter un changement analogue dans les tarifs des octrois, la production intérieure y trouverait, relativement à la consommation des villes, une amélioration peu importante; tandis que les importations s'accroîtraient considérablement par la facilité d'introduire des animaux de petite taille exclus jusqu'ici par le mode de perception.

Ce serait encore bien pis, s'il était possible que l'on admît la singulière proposition qui a été faite de fixer un *maximum* par tête, tandis que l'on percevrait les droits d'entrée au poids, et de laisser aux introducteurs, le choix de payer au poids ou par tête. Que dirait-on, si l'on proposait d'abandonner aux employés des douanes, la faculté de régler le droit d'entrée pour chaque animal, soit au poids, soit par tête, selon qu'ils jugeraient qu'il serait plus avantageux au fisc? et cependant, l'un ne serait pas plus déraisonnable que l'autre. Dès l'instant qu'on se place dans le système de la fixation des droits au poids, il est impossible d'alléguer aucun motif plausible pour frapper le quintal de viande d'un petit animal, d'un droit plus élevé que la même quantité fournie par un animal de taille colossale. Il est certain même que s'il y avait une distinction raisonnable à faire, elle ne devrait pas favoriser les gros animaux. On a dit qu'on ne pourrait avoir dans tous les bureaux de douane, des ponts à bascule, propres au pesage des animaux ; et l'on a proposé, en conséquence, de percevoir les droits par tête dans certains bureaux, tandis que dans les autres, les importateurs seraient libres de soumettre leurs animaux à la pesée, ou d'acquitter le droit par tête. Je ne crois pas qu'il soit nécessaire de discuter longuement cet étrange mode de perception, qui aurait pour résultat d'accroître énormément les importations, parce que l'on admettrait ainsi une multitude d'animaux de petite taille, exclus jusqu'ici par le fait, sans diminuer en rien l'importation des gros animaux. Je me contenterai de dire que si l'on voulait adopter la fixation des droits au poids, les instrumens de pesage ne pourraient pas être l'objet d'une grave difficulté, car on construit dans une fabrique de Strasbourg, chez MM. Rollé et Schwilgué, d'excellentes balances bascules spécialement destinées au pesage des animaux en vie, et qui sont également applicables aux pesées de toute espèce de marchandises. Une balance bascule de cette espèce, d'une portée de 1,500 kilos, ne coûte à la fabrique que 430 francs, et n'exige aucune construction coûteuse pour être mise en place. On pourrait donc, à l'aide d'une dépense qui ne serait pas énorme, pourvoir de bascules de ce genre tous les bureaux de douanes où l'on devrait admettre les animaux en vie; et elles y serviraient aux pesées de toute espèce. On fait usage à Roville d'une bascule de ce genre, fournie par la fabrique que je viens de nommer, et le service en est extrêmement commode: à l'aide d'une balustrade autour de la plate-forme, un boeuf s'y pèse en un instant; et l'on peut y peser à la fois de six à dix moutons. Je dirai ici que l'on a eu parfaitement raison, à mon avis, de rejetter dans le sein du conseil de commerce, la proposition qui avait été faite, d'appliquer à cet usage l'appréciation du poids des animaux par le mesurage du thorax. Ce procédé est très-précieux, et suffisamment exacte, pour l'homme qui y cherche de bonne foi des indications dans son propre intérêt; mais l'exécution laisse toujours quelque chose à l'habileté de la main, et par conséquent à l'arbitraire; et il faut dans la perception des droits, que l'appréciation du poids inspire une égale confiance aux deux parties. Une bonne balance peut seule atteindre ce but.

Si nous recherchons maintenant quel devrait être le chiffre du droit d'entrée sur les bestiaux, en le fixant au poids, je serai forcé de dire que je crois que l'on avait porté trop haut ce chiffre dans quelque proposition. Pour l'établir avec certitude, il faudrait connaître le poids moyen des animaux que l'on a introduits jusqu'ici en acquitant les droits par tête. Je crois qu'on s'éloignera peu de la vérité en évaluant à 600 kilos le poids des boeufs vivants qui ont été introduits jusqu'ici sur nos diverses frontières; si l'on fixait le droit à 9 centimes par kilo, cela formerait, pour un bœuf de ce poids, un droit de 54 francs, c'est-à-dire, à peu près l'équivalent du droit actuel. Un bœuf de ce poids donne communément 320 kilos de viande nette, environ 40 kilos de suif et 50 à 60 kilos de cuir. D'après les droits d'entrée actuels, de 18 francs par 100 kilos sur le suif, il faut donc déduire de l'impôt sur la viande de cet animal, une somme de 7,20 f. pour ce produit. Quant au cuir, il n'y a à faire qu'une déduction insignifiante, attendu que, par des considérations, dont je n'ai pas l'intention d'examiner ici la justesse, on n'a frappé presque d'aucun droit ce produit agricole d'une très-haute importance. Le droit d'entrée sur la viande nette serait donc d'environ 14 centimes par kilo, en fixant, par le tarif, le droit à 9 centimes par kilo du bœuf en vie. Je n'ai sans doute pas besoin de rappeler ici l'observation que j'ai faite plus haut, savoir qu'il s'en faut beaucoup qu'il en résulte pour les consommateurs français, une charge égale à ce chiffre.

Pour les vaches, il serait certainement convenable de fixer un droit d'entrée moindre à poids égal, d'abord parce que la viande de vache a réellement une valeur moindre, et ensuite parce qu'une partie considérable des importations en ce genre, consiste en animaux destinés à la reproduction. En fixant le droit au poids, on serait dispensé d'établir entre les vaches et les génisses, une distinction qui donne fréquemment lieu à des débats fâcheux ou à des abus. Si l'on adoptait le chiffre de 9 centimes par kilo pour les bœufs, on pourrait prendre celui de 6 centimes pour les vaches; et alors, une vache de 500 kilos, qui est un fort gros animal, paierait comme aujourd'hui, un droit de 30 francs; et des génisses d'un an, qui pèsent communément de 150 à 200 kilos, acquitteraient un droit de 9 à 12 francs. Il conviendrait peut-être d'assimiler les taureaux aux femelles, pour le taux du droit, afin de favoriser l'extraction des animaux destinés à améliorer les races. D'ailleurs, comme animal de boucherie, un taureau a beaucoup moins de valeur qu'un bœuf à poids égal, et il ne pourrait guères en résulter d'abus, car il faut si long-temps pour rendre à la viande d'un taureau adulte, la qualité de la viande de bœuf, que l'on ne tente guères cette spéculation. Quant à l'introduction des taureaux encore jeunes, au droit fixé pour les vaches, c'est encore là une spéculation que l'on doit peu redouter; et en supposant même qu'on en opérât la castration immédiatement après, pour en faire des bœufs, il faudrait qu'ils fussent nourris pendant plusieurs années, et ensuite engraissés dans l'intérieur. Lorsqu'un tel animal sera livré à la consommation, il aura vraisemblablement triplé son prix d'achat, au profit de l'agriculture du pays. Il y aurait donc peu d'inconvénient à en autoriser l'entrée sous un droit modéré.

Pour les moutons, dans le cas où l'on croirait devoir fixer les droits d'entrée au poids, malgré les embarras qui en résulteraient pour la perception, je pense qu'on pourrait regarder 36 kilos comme la moyenne du poids en vie des animaux importés jusqu'ici; il faudrait donc porter le droit à 15 centimes par kilo, pour former l'équivalent du droit actuel. Je ne pense pas, au reste, que l'administration des douanes consente volontiers à un changement de cette nature relativement aux moutons; et cela n'est pas d'une haute importance pour les producteurs français; mais il serait très-fâcheux que les administrations municipales des villes manifestassent la même répugnance relativement au mode de perception des droits d'octroi. Ici, les motifs du refus seraient moins graves, parce que le nombre des bureaux d'octroi d'une ville n'étant pas très-nombreux, on pourrait sans de grandes dépenses y placer des bascules pour le pesage des bestiaux en vie; et les animaux ne s'y présentent pas communément en nombre assez considérable pour qu'il résulte de ce pesage, de grandes difficultés. D'un autre côté, la classe la plus intéressante des producteurs du pays se trouve si injustement grevée par le mode actuel, qu'il semble qu'il conviendrait que l'administration supérieure, ou même la législature imposât aux villes l'obligation de fixer au poids, les droits d'octroi sur les bestiaux.

Pour ce qui concerne les chevaux, il ne m'est guères possible de discuter les motifs d'un abaissement des droits d'entrée; car je n'y aperçois pas même un seul motif qui mérite un examen sérieux. Le gouvernement est lui-même, dans le pays, un des principaux consommateurs de chevaux; mais on ne peut alléguer raisonnablement, en faveur de l'abaissement du droit, l'économie dans la dépense des remontes, puisque le gouvernement reçoit d'une main le montant du droit qu'il paie au fournisseur qui a fait ses achats dans les pays étrangers. Comme consommateur de chevaux, le gouvernement a un intérêt évident et fondé sur les plus puissans motifs, à voir la production intérieure s'accroître, afin que le pays puisse suffire à ses besoins dans un avenir plus ou moins éloigné. S'il y a insuffisance dans l'état actuel des choses, il faut uniquement attribuer ce déficit à l'état arriéré de l'art agricole, principalement dans les fermes de grande et de moyenne culture; et si l'Allemagne, le Danemarck, la Belgique sont en état de nous fournir les chevaux qui nous manquent, c'est uniquement parce que l'agriculture y est plus avancée que chez nous; car il en est sous ce rapport de la production des chevaux, de même que de celle des autres animaux qui sont des produits de l'agriculture. La production est d'autant plus abondante dans chaque pays et les races y sont d'autant mieux appropriées aux divers besoins sociaux, que l'industrie agricole est plus avancée dans ses progrès.

J'ai cherché à montrer dans un autre écrit, combien sont mal calculés les encouragemens que l'on croit donner à la production des chevaux et à l'amélioration des races au moyen des haras entretenus aux frais de l'état, et des autres dispositions spéciales qui figurent au budget pour une somme assez considérable. Je me contenterai de dire ici, qu'il serait bien fâcheux que l'on crut que des efforts tentés dans une fausse direction, et une somme de *quinze ou seize cent mille francs* dépensée chaque année en pure perte pour les haras, peuvent dispenser le gouvernement d'avoir recours aux seuls genres d'encouragement vraiment efficaces en faveur de la production des chevaux, savoir : les achats des remontes faites à l'intérieur, et un droit d'entrée élevé sur les productions étrangères.

Résumé. — En résumant les considérations que j'ai présentées sur les modifications que l'on provoque dans les tarifs relatifs aux laines et aux bestiaux, je dirai qu'il me semble avoir suffisamment établi les vérités suivantes:

1.° Dans l'intérêt de la prospérité de l'industrie agricole, il convient de diriger spécialement vers les productions animales, les encouragemens que le gouvernement accorde à l'agriculture par les droits de protection.

2.° Les variations survenues dans les cours des laines fines et intermédiaires sur tous les marchés de l'Europe, depuis l'époque de la propagation de la race mérine, sont dues à des causes naturelles, et ne peuvent avec aucun fondement, être invoquées en faveur d'un abaissement des droits d'entrée en France.

3.° L'agriculture française se trouve maintenant placée relativement à l'éducation des troupeaux de bêtes à laine, dans une position entièrement spéciale qui n'a pas d'analogue chez les autres nations agricoles; et il résulte de cette circonstance, que l'industrie des bêtes à laine se lie encore plus intimement chez nous qu'à aucune autre époque, aux progrès ultérieurs de notre agriculture.

4.° Si l'on cherche à apprécier l'influence relative de l'industrie agricole et du commerce d'exportation sur la richesse générale du pays, on arrivera à des résultats qui rendront incompréhensible l'importance que quelques personnes semblent attacher aux industries d'exportation, lorsqu'on les oppose aux intérêts agricoles du pays; et lorsque l'on considérera la question des laines sous ce point de vue, on ne pourra hésiter entre les intérêts des deux industries qui se trouvent ici en présence.

5.° Pour ce qui concerne les droits d'entrée sur les bestiaux, les intérêts agricoles qui en réclament la conservation, sont d'une importance infiniment supérieure, relativement à la richesse générale du pays, aux intérêts qui provoquent l'abaissement des tarifs; et les consommateurs sont à peu près désintéressés dans cette question.

6.° Les inductions qu'on a cru pouvoir tirer des relevés faits sur les registres des douanes, en faveur d'un abaissement des droits, sont entièrement inapplicables à la situation des choses en France, depuis que les droits d'entrée ont été établis.

7.° Les tarifs sont loin de constituer, pour les consommateurs, une charge égale au montant des droits par kilogramme de laine ou de viande, ou en faveur des producteurs du pays, un accroissement de valeur égale à ce chiffre; et l'encouragement que reçoivent ces derniers, par ce moyen, ne peut être d'une certaine importance, qu'à la condition que le taux du tarif est fort élevé relativement à la valeur de la matière.

8.° La fixation des droits d'entrée, d'après le poids des animaux en vie, présenterait une amélioration *réelle* dans la perception des droits considérés comme impôt; mais cette mesure tendrait à accroître beaucoup les importations et serait par conséquent funeste à la production du pays, surtout s'il était possible que l'on admît un *maximum* par tête, en même temps qu'on fixerait les droits d'entrée au poids.

9.° C'est dans les tarifs des octrois des villes, et non dans les tarifs des douanes, qu'il importe extrêmement aux intérêts agricoles du pays, que les droits sur les bestiaux soient fixés au poids, et non par tête, comme ils le sont partout.

FIN.

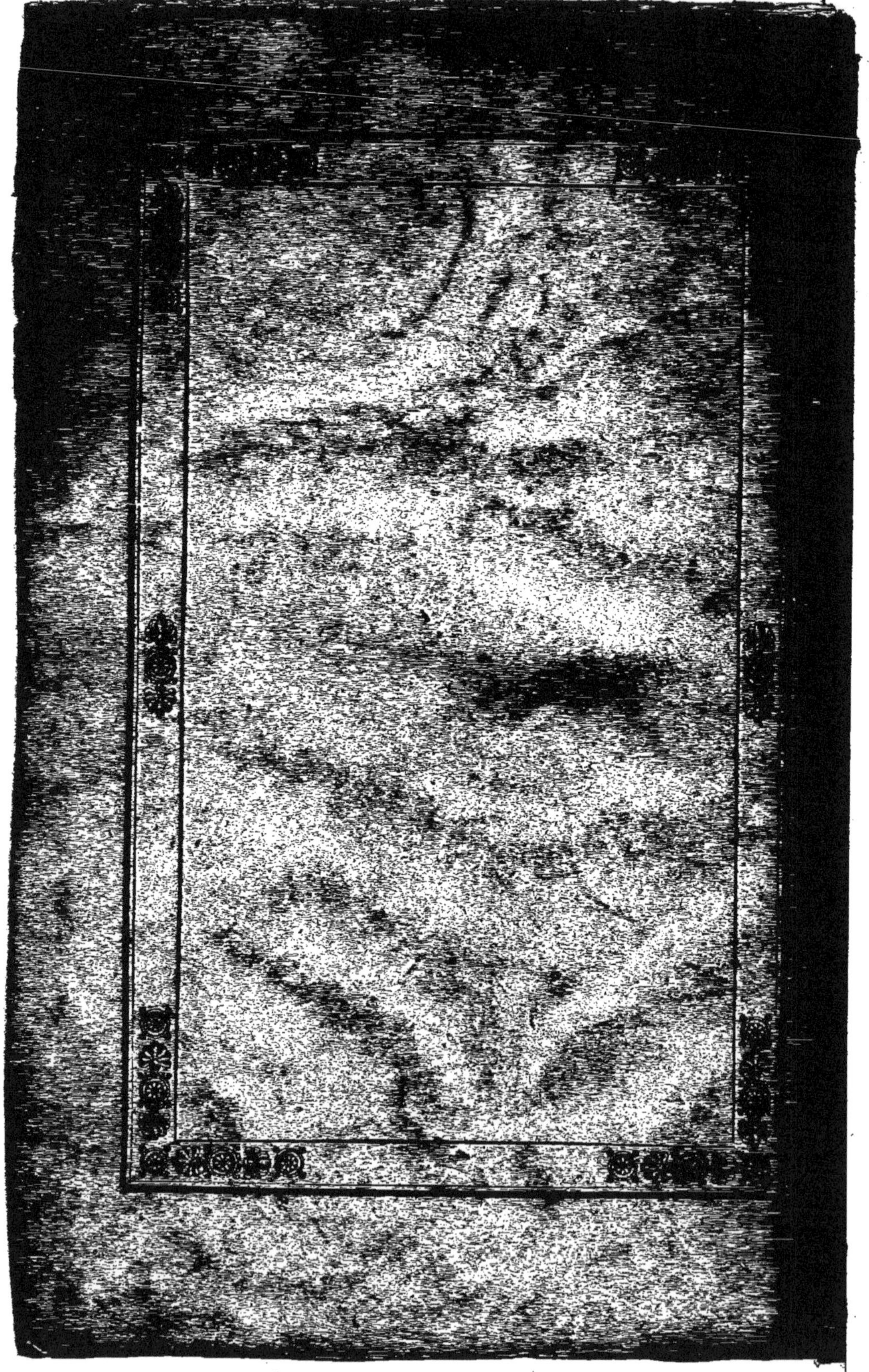

www.ingramcontent.com/pod-product-compliance
Ingram Content Group UK Ltd.
Pitfield, Milton Keynes, MK11 3LW, UK
UKHW020401220726
13923UKWH00004B/1679